ENGLISH

미국에서 통하는
영어회화
통째로 암기하기
conversation

미국에서 통하는 영어회화 통째로 암기하기

발　행 | 2018년 12월 21일

저　자 | Dr. K

펴낸이 | 한건희

펴낸곳 | 주식회사 부크크

출판사등록 | 2014.07.15.(제2014-16호)

주　소 | 경기도 부천시 원미구 춘의동 202 춘의테크노파크2단지 202동 1306호

전　화 | 1670-8316

이메일 | info@bookk.co.kr

ISBN | 979-11-272-5556-5

www.bookk.co.kr

미국에서 통하는
영어회화
통째로 암기하기

Dr. K 지음

일상생활이 된다는 건
영미 문화적 상황을 아는 것

어느 정도 영어 표현도 잘 알고 영어 공부도 많이 했는데도 들리지 않는다면 문제가 뭘까요? 그런 분들 고민 많으실 거예요. 미드나 미국 토크쇼를 보다가 개그 코드를 이해하지 못하면 대충 내용을 이해했다 해도 웃지 못하는 것과 마찬가지입니다. 문화적인 내용을 이해하지 못 했을 가능성이 큽니다. 일상 회회를 배울 때도 문화적 코드나 배경지식을 함께 습득하려면 그 나라에 가 있는 상황을 상정해서 공부하는 것이 좋습니다. 마치 여행을 가 있는 것처럼 상황을 만들어 대화와 표현, 패턴문장을 공부해보세요.

마치 그 나라에 가 있는 것처럼!

실전 대화를 통한 표현 체크

대화도 공부하고 그 문장을 무한 사용이 가능하기 위해서는 패턴과 바꿔 말하기 할 수 있는 단어를 함께 공부하는 것이 효과적입니다. 실생활에서 가장 많이 활용할 교통편, 외식, 쇼핑, 예약, 집구하기, 여행, 여흥 등 오락을 하면서 사용할 수 있고 해야만 하는 문장 표현을 정리하고 바꿔 말하기 할 수 있는 단어를 제시했습니다. 바꿔 말하기를 통해 수 십가지 문장을 말할 수 있는 만능 문장 패턴을 공부해보세요.

한 문장 외워서
두 배 세 배 말하는 효과

CONTENT

01 교통편 이용

02 예약하기/숙박/집구하기

03 외식하기

04 보고, 듣고, 놀기

05 쇼핑하기

06 병원/약국/경찰서 이용

07 공항 & 기내에서

01

교통편 이용

I'd like to take a shuttle bus.

Where can I buy a ticket?

You may stand in line here.

서틀버스를 타려고 하는데요.
티켓은 어디서 사나요?
여기 줄을 서면 됩니다.

I'd like a second-class ticket to Zurich.

Is there an express?

Yes. One-way or round-trip?

One-way, please. **How much is it?**

취리히행 2등석 기차표를 사려고요. 급행도 있어요?
네, 있습니다. 편도로 하실 겁니까, 왕복으로 하실 겁니까?
편도로 주세요. 얼마예요?

티켓은 어디서 사나요?
Where can I buy a ticket?

웨얼 캐 나이 바이 어 티켓

▶▶ 내게 필요한 단어

택시 타기 get/take a taxi 겟 어 택시

시청행 버스 타기 get/take a bus to City Hall 테익 커 버스
투 씨티 홀

B라인으로 환승하기 transfer/change to the B line 트랜스퍼
투 더 B 라인

지하철 표 사기 buy/get a subway ticket 바이 어 서브웨이 티켓

런던행 2등석 기차표를 사려고요.
I'd like <u>a second-class ticket</u>.

1일 교통권은 얼마예요?
How much is <u>a daily pass</u>?

▶▶ 내게 필요한 단어
3일권 a three-day pass
일반석 표 an economy class ticket
1인 선실 표 a single cabin ticket
편도표 a one way ticket

행선지를 표시하려면 문장 뒤에 <to+ 행선지>로 나타낼 수 있다.
런던행 2등석 기차표를 사려고요.
I'd like a second-class ticket to London.

택시를 타려고 하는데요.
I'd like to take <u>a taxi[cab]</u>.

▶▶ 내게 필요한 단어

공항버스 an airport bus
셔틀버스 a shuttle bus
리무진 limousine
관광 유람선 the sightseeing cruise
B라인 the B line
시청행 버스 a bus to City Hall
뉴욕 직행 a direct connection for New York

웨스트 워싱턴 스트리트 1456번지까지 가주시겠어요?

Could you take me to <u>1456 West Washington Street</u>?

▶▶내게 필요한 단어

도심 the city center

더블린 시청사 Dublin City Hall

런던 아이 the London Eye

몬트리올 Montreal

여기 잠깐 멈춰 주실래요?

Could you <u>stop here for a moment</u>?

여기서 잠깐 기다려 주실래요?
Could you wait here for a moment?

미터기를 다시 눌러 주실래요?
Could you reset the meter?

현금 인출기에서 세워 주실래요?
Could you stop at a cashpoint?

시청에서 내려 주실래요?
Could you leave me at the City Hall?

메인 스트리트 쪽 출구는 어디인지 말씀해 주실래요?
Can you tell me which exit to Main Street?

교통편 관련 대화

나 **Where is the right platform for Manchester?**

행인 You should catch a train on the other side.

나 맨체스터행 플랫폼은 어디인가요?

행인 반대편에서 타셔야 해요.

나 How often do trains run to Manchester?

행인 The trains come every 15 minutes.

나 **When does the next train come?**

행인 Usually, it comes at 8:00, but it's rush hour now.

나 맨체스터행 열차는 얼마나 자주 있어요?

행인 15분 간격으로 와요.

나 다음 열차가 언제 오나요?

행인 보통은 8시 정각에 오는데 지금은 붐비는 시간이에요.

나 Which line should I take to go to Wall Street?

행인 You should take the green line.

나 월스트리트로 가려면 몇 호선을 타야 하나요?

행인 녹색 라인을 타세요.

나 How long does it take to **get to** Wall Street?

행인 It depends on the traffic.

나 월스트리트까지 얼마나 걸리나요?

행인 교통 상황에 달려 있어요.

가장 가까운 지하철역은 어디에 있나요?
Where's the nearest subway station?

▶▶ 내게 필요한 단어

역/플랫폼
가장 가까운 지하철역 he nearest subway station
환승역 a transfer station
임시 정류장 the request stop
~행 버스 정류장 a bus stop for ...
맨체스터행 플랫폼 the right platform for Manchester
북쪽행/동쪽행/남쪽행/서쪽행 플랫폼
northbound/eastbound/southbound/westbound platform
11A 플랫폼 the 11A platform

TIP 용어/안내문 이런 문구, 꼭 볼 수 있어요!

The arrival board 도착 안내 전광판
Expected arrival time 예상 도착 시간
On time 정시
Delayed 지연

Cancelled 취소
Calling at ~에 정차[경유]
Priority Seat (노약자나 임산부를 위한) 우대석
Mind the gap 벌어진 틈 조심
the ticket inspector 검표 승무원

버스 문구

No solicitation 잡상인 금지
No service on sundays and public holidays
일요일 및 공휴일에는 운행하지 않음
Do not talk to the driver while bus is in motion.
운전 중 버스 운전기사에게 말을 걸지 마시오.
By law, passengers must wear seat belts while the
vehicle is in motion.
법률에 따라 승객들은 차량 이동 중에 반드시 안전벨트를
착용해야 합니다.

저녁에 마이애미로 가는 열차가 있나요?

Is there <u>a train to</u> Miami in the evening?

▶▶ 내게 필요한 단어

공항버스 an airport bus to
셔틀버스 a shuttle bus to
직행 a direct connection for

저녁에 마이애미로 가는 열차가 있나요?

Is there a train to <u>Miami</u> in the evening?

▶▶ 내게 필요한 단어
도심 the city center
더블린 시청사 Dublin City Hall
몬트리올 Montreal

저녁에 마이애미로 가는 열차가 있나요?

Is there a train to Miami <u>in the evening</u>?

▶▶ 내게 필요한 단어

저녁 8시에 at 8:00 p.m.
아침 일찍 early in the morning
밤늦게 late at night

월스트리트로 가려면 몇(어떤) 호선을 타야 하나요?

Which <u>line</u> should I take to go to Wall Street?

월스트리트로 가려면 몇 호선을 타야 하나요?

Which line should I take to go to <u>Wall Street?</u>

▶▶ 내게 필요한 단어

도심 the city center
더블린 시청사 Dublin City Hall
런던 아이 the London Eye
몬트리올 Montreal
필라델피아 Philadelphia

다음 버스가 언제 오나요?
When does <u>the next bus come</u>?

파리행 다음 버스가 언제 출발하나요?
When does the next bus to Paris leave?

파리행 첫차가 언제 출발하나요?
When does the first[earliest] bus to Paris leave?

파리행 마지막 버스가 언제 출발하나요?
When does the last bus to Paris leave?

도착하려면 얼마나 걸리나요?
How long <u>does it take to arrive</u>?

얼마나 걸리나요?
How long will it be?

얼마나 기다려야 하나요?
How long is the layover?

여기에 얼마나 정차하나요?
How long do we stop here?

시청까지 가려면 얼마나 걸리나요?
How long does it take to get to the city hall?

다음 버스를 타려면 얼마나 기다려야 하나요?
How long do I have to wait for the next bus?

나 I'm traveling now, and I'd like to rent a car while I'm here.
직원 What kind of car would you like to rent?
나 A small car with good gas mileage, if possible.
직원 Okay, take a look at this picture of one.
나 That looks good. **I'd like a minivan.**

나 여행 중인데요. 여기 있는 동안 차를 빌리고 싶어서요.
직원 어떤 종류를 렌트하려고 하시죠?
나 되도록 연비가 좋은 소형차요.
직원 알겠습니다. 여기 사진을 한번 보실래요?
나 좋아 보이네요. 미니밴이 좋겠어요.

나 Fill it up, please.
직원 You can do it yourself on pump 1.

나 기름 가득 채워주세요.
직원 1번 주유기에서 직접 하실 수 있어요.

나 I'd like 1 liter of oil.
직원 Do you want regular or unleaded?

나 1리터 넣어주세요.
직원 보통으로 넣어드릴까요, 아니면 무연으로 넣어 드릴까요?

나 Could you tell me how to get to Dallas from here?

현지인 It's a half hour drive from here. I'll draw a map showing the way to Dallas from here.

나 여기서 댈러스로 어떻게 가는지 알려주시겠어요?

현지인 여기서 차로 30분 걸려요. 여기서 댈러스까지 가는 길을 약도로 그려드릴게요.

나 Do I have to keep going straight?

현지인 You should turn right at the next intersection.

나 Could you show me on the map?

나 계속 죽 가야 하나요?

현지인 다음 교차로에서 우회전해야 합니다.

나 지도에 표시해 주실래요?

미니밴이 좋겠는데요.
I'd like a minivan.

▶▶ 내게 필요한 단어

소형차 a compact car
중소형차 an intermediate
대형차 a full size
미니밴 a minivan
소형 트럭 a small truck

1번 주유기에서 가득 넣었어요.
I <u>filled it up on pump 1</u>.

무연 휘발유로 가득 채웠어요.
I filled it up with the unleaded.

고급 무연 휘발유 15달러어치 넣었어요.
Fifteen dollars of premium unleaded.

1번 주유기에서 30달러어치 넣었어요.
Thirty dollars on pump 1.

견인 차량을 보내 주시겠어요?
Can you <u>send me a breakdown truck?</u>

차를 들어 올리는 기구 좀 빌려 주시겠어요?
Can you lend me a jack?

점프 스타트 해 주시겠어요?
Can you give me a jump-start?

지금 바로 누구 좀 보내 주시겠어요?
Can you have someone send here right away?

경찰을 불러 주시겠어요?
Can you call the police?

저는 지금 사우스 콜리 드라이브 61번지에 있는데
자동차 사고를 신고하려고요.
I am now at 61 South Chorley Drive, and want to
report a car accident.

자동차는 갈색의 1999년형 미쯔비시 이클립스예요.
검은색 컨버터블 루프고요. 자동차 등록 번호는
GTL-682-P예요.
The car was a maroon, 1999 Mitsubishi Eclipse
with a black convertible roof. The car registration
number is GTL-682-P.

오전 11시 58분. 사우스웨스트 32번가에서
발생했어요.
It happened at 11:58 a.m. on the 32nd Avenue
Southwest.

여기서 댈러스로 어떻게 가는지
알려주시겠어요?
Could you tell me how to get to <u>Dallas</u> from here?

▶▶ 도심 the city center
더블린 시청사 Dublin City Hall
런던 아이 the London Eye
몬트리올 Montreal
캐피탈 빌딩 근처 시내에 새로 생긴 ABC 스테이크하우스
the new ABC Steakhouse downtown near the Capital
Building

맵에 표시해 주시겠어요?
Could you <u>show me on the map</u>?

맵에서 제가 어디쯤 있는지 알려주시겠어요?
Could you tell me where I am on this map?

이 거리 이름이 무엇인지 말해 주시겠어요?
Could you tell me what's the name of this street?

제가 가려는 곳이 어디인지 맵에 표시해 주시겠어요?
Could you show me on the map where I'm going?

핵심 어휘 도로/교통 용어

3-way intersection 삼거리

4-way intersection 사거리

billboard 도로나 건물 위의 대형 광고판(영국 = harding)

block 블록. 여러 개의 도로들이 교차하면서 만들어지는 직사각형 모양의 구역

cab 택시

crosswalk 횡단보도

detour 우회로

uptown 도시 외곽이나 북부 지역, 주거 지역이 많고 부유층이 많이 사는 지역

exit 고속도로 출구(= off-ramp, 영국: slip road) exit lane 출구 차선

downtown 시내 중심가

expressway, freeway 고속도로. 여러 개의 차선으로 이루어진 주요 도로

highway 고속도로. 도시와 도시를 연결하는 주요 도로

gridlock 심각한 교통체증

liability insurance (운전자) 책임 보험

license plate 자동차 번호판

median (strip) 도로의 중앙 분리대

muffler 자동차 소음기

stick shift 수동 차량

stoplight 신호등

stop sign 정지 표지판

trolley 시가 전차

dead-end street 막다른 골목

one-way street 일방통행로

no-frills airline 아주 기본적인 서비스만 제공하고 항공 운임을 싸게 받는 항공사

merge 고속도로나 무료 간선도로에서 정차나 감속 없이 자연스럽게 차량 흐름에 합류하는 것

Yield 양보 더 넓은 도로로 진입할 때 다른 차량이 먼저 진입할 수 있도록 해주는 것

speedometer 자동차 속도계 자동차의 주행 속도를 표시하는 계기판

weigh station 과적 검문소

underpass 지하도

rest area 휴게소

02

예약하기 / 숙박 / 집 구하기

숙소 예약 & 숙소 정하기

나 I'd like to book a room. How much do you
charge for a night?

호텔직원 20 dollars for a night with breakfast.

나 방을 예약하고 싶어요. 하룻밤 숙박비가 얼마예요?

호텔직원 조식 포함 1일 숙박비가 20달러예요.

호텔직원 What kind of room would you like?

나 I want a twin bed in a single room.

호텔직원 어떤 방을 드릴까요?

나 싱글룸에 트윈 침대가 있는 방으로 주세요.

나 I'd like to change my reservation.

호텔직원 How do you want your reservation changed?

나 I'd like to change it from next Monday to
Tuesday.

나 예약을 변경하고 싶습니다.

호텔직원 예약을 어떻게 변경하시겠습니까?

나 다음 주 월요일에서 화요일로 바꾸고 싶습니다.

나 I'd like to book a single room for a night.

호텔직원 We have a room with a good view at the moment.

나 Can I see the room first?

나 싱글룸을 하루 예약하고 싶어요.

호텔직원 마침 전망이 좋은 방이 있어요.

나 방을 먼저 볼 수 있을까요?

제 방에 문제가 있는 것 같아요.
It seems there's something wrong with my room.

이 방은 온라인으로 본 것과 달라요.
This room is different from what I saw online.

온라인 예약 과정에서 문제가 있었나 봐요.
I think there's something wrong with the online room-booking process.

이 방은 당신네 웹사이트에 올라와 있는 방보다 작은 것 같아요.
This room seems smaller than the room on your website.

제가 요청한 방은 금연실/높은 층/바다 전망이었어요.
I requested a nonsmoking room/high floor/water view.

이 방은 상태가 안 좋아요.
This room is in poor condition.

이 방은 먼지가 너무 많아요.
This room is full of dust.

이 방은 청소가 안 된 것 같아 보여요.
This room looks like it hasn't been cleaned.

다른 호텔들에서는 이런 상황을 본 적이 없어요.
I'd never seen these conditions before at other hotels.

방을 바꿔주세요, 아니면 다른 호텔을 찾을게요.
I'd like to change the room, or I'll find a
different hotel.

호텔이 이번 실수에 책임이 있으니 제 보증금을
돌려주세요.
I want to get my deposit back because you're
responsible for this mistake.

이 요금이 뭐에 청구된 건지 모르겠네요.
I don't know what this charge is for.

- -

명세서에 있는 40달러는 무슨 요금이죠?
What's the $40 on the bill for?

- -

미니바에서 아무것도 안 먹었는데요.
I had nothing from the minibar.

- -

다시 확인해주시겠어요?
Would you check this again?

- -

전망 좋은 방 주세요.

I want a room with a good view.

= I'd like a room with a good view.

하룻밤 숙박비가 얼마예요?

How much do you charge for a night?

▶▶ 내게 필요한 단어

객실별 숙박비

조식 포함 1일 a night with breakfast

스위트룸 이틀밤 a suite for two nights

실글룸(1인용 객실) a single room

더블룸(2인용 객실) a double room

트윈룸(침대가 2개인 방) a twin room

싱글룸에 트윈 침대가 있는 방 a twin bed in a single room

방을 먼저 볼 수 있나요?
Can I <u>see the room first</u>?

할인된 가격에 방을 얻을 수 있나요?
Can I get a room at a reduced price?

호텔 뒤쪽으로 방을 바꿀 수 있나요?
Can I switch to a room at the back of the hotel?

하루 일찍 체크아웃 할 수 있나요?
Can I check out a day early?

잠시 여기에 짐을 맡겨도 되나요?
Can I leave my luggage here for a while?

방에 TV가 있나요?
Is there <u>a TV in the room</u>?

방마다 욕실이 있나요?
Is there a bathroom in each room?

쓸 수 있는 부엌이 있나요?
Is there the kitchen I can use?

귀중품 보관소는 있나요?
Is there a safety deposit box?

특가로 제공하는 방이 있나요?
Is there any special deals?

호텔에 레스토랑이 있나요?
Is there a restaurant at the hotel?

무료 공항 픽업 서비스가 있나요?
Is there airport pick-up included?

이 호텔은 컨시어지 서비스를 제공하나요?
Does this hotel offer <u>concierge services</u>?

▶▶ 내게 필요한 단어

트윈 룸 twin rooms
미니바 mini bar
무료 아침 식사 complimentary breakfast
무료 세탁 서비스 free laundry services
무료 주차 서비스 free valet services
초고속 인터넷 접속 high-speed Internet access
인터넷 비밀번호 the internet password
예비 열쇠 a spare key
모닝콜 a wake-up call

concierge services 컨시어지 서비스

'고객의 요구에 맞추어 모든 것을 일괄적으로 처리해 주는 가이드'라고 할 수 있다. 컨시어지는 원래 '관리인', '안내인'을 뜻하는데, 호텔로비 입구에 위치해 있는 컨시어지 데스크에서 근무하면서 고객이 요구하는 서비스를 제공해 준다. 호텔 투숙객의 짐을 들어주는 일로부터 호텔 시설 이용 정보를 제공하는 것은 물론 관광지, 교통, 식당, 쇼핑 같은 고객이 원하는 그야말로 모든 정보를 안내해 준다. 항공기나 교통편 예약부터 공연 티켓 예약, 렌터카나 리무진 예약 같은 것을 대행하기도 한다.

숙소에서

룸서비스 Room service. May I help you?

나 Yes, **this is room 116**, and I was wondering if I could order breakfast now.

룸서비스 Yes, of course. What would you like?

나 **I'd like some breakfast; some grapefruit juice, two eggs with bacon and some toast and black coffee, please.**

룸서비스 How would you like your eggs?

나 Scrambled, please.

룸서비스 룸서비스입니다. 도와드릴까요?

나 네, 116호실인데요. 지금 아침 식사를 주문해도 되나 궁금해서요.

룸서비스 네, 물론이죠. 어떤 걸 드시고 싶으세요?

나 아침 식사를 하고 싶어요. 자몽 주스, 베이컨과 토스트를 곁들인 달걀 두 개, 블랙커피요.

룸서비스 달걀은 어떻게 해드릴까요?

나 스크램블로 해주세요.

나 **There's no blanket in the room. Can I get one more blanket?** My room number is 115.

숙소직원 Okay, I will.

나 방에 담요가 없어요. 담요 한 장만 더 부탁합니다. 115호실입니다.

숙소직원 네, 그러죠.

여기 116호 실인데요.

This is room <u>116</u>. [one sixteen]

= My room number is <u>116</u>.

▶▶ 내게 필요한 단어

503호 503 [five oh three]
618호 618 [six eighteen]
1032호 1032 [ten thirty two]
2247호 2247 [twenty two forty seven]

토스트와 블랙커피 주세요.

I'd like <u>some toast and black coffee</u>, please.

= <u>Some toast and black coffee</u>, please.

▶▶ 내게 필요한 단어

빵류
토스트 some toast
토스트는 흰빵 white for the toast
토스트는 통밀빵 whole wheat bread for the toast
로스트 비프 샌드위치 a roast beef sandwich
프렌치프라이를 곁들인 클럽 샌드위치 a club sandwich with french fries on the side

음료
블랙커피 some black coffee
우유 한 잔 one glass of milk
오렌지 주스 some orange juice
자몽 주스 some grapefruit juice

기타
베이컨과 달걀 두 개 two eggs with bacon
스크램블 에그 scrambled egg

담요 한 장만 더 부탁합니다.
Can I get <u>one more blanket</u>?
= <u>One more blanket</u>, please.

▶▶ 내게 필요한 단어

담요 한 장 one more blanket
목욕 타월 more bath towels
여분의 베개 an extra pillow
방 열쇠 a room key
여분의 침대 an extra bed
생수 some bottled water
얼음 some ice
아침 6시에 모닝콜 a wake-up call at 6

방에 온수가 안 나와요/없어요.
There's no <u>hot water</u> in the room.

▶▶ 내게 필요한 단어

담요 blanket
베개 pillow
수건 towel
비누 soap
커피메이커 coffee maker
냉수 cold water
식수 drinking water
온수 hot water
드라이기 dryer
전기 electricity
난방 heat
냉방 air conditioning

드라이어가 고장이에요.
The <u>dryer</u> is not working.

▶▶ 내게 필요한 단어

텔레비전 TV
리모컨 remote control
전화기 telephone
전등 light
냉장고 refrigerator
전자레인지 microwave oven
에어컨 air conditioner
난방기 heater
세탁기 washing machine
변기 toilet
샤워기 shower hose
수도꼭지 faucet
방 열쇠 lock on the door

03

외식하기

식당 예약하기

나 Good afternoon. **I'd like to reserve a table for three tomorrow evening at 8:00.**

직원 I'm sorry, we're fully booked tomorrow evening, sir.

나 Could you put me on the waiting list in case of cancellations?

직원 Sure, may I have your name, please?

나 My name is Kim, and call me back at 010-3322-5566.

나 안녕하세요. 내일 저녁 8시에 3명 자리를 예약하고 싶어요.

직원 죄송합니다. 내일 저녁에는 자리가 없습니다.

나 누가 취소할지 모르니 대기자 명단에 올려주실래요?

직원 알겠습니다. 성함이 어떻게 되시죠?

나 제 이름은 킴이고요. 010-3322-5566으로 전화 주세요.

2

직원 Hello, welcome to Linda's Restaurant. Do you have a reservation?

나 No, we don't.

직원 How many?

나 Two.

직원 Please follow me.

나 **Is it a nonsmoking section?**

직원 Yes, is this table OK?

나 This will be fine.

직원 Your waitress[waiter] will be with you shortly.

직원 안녕하세요. 린다 레스토랑에 오신 것을 환영합니다. 예약하셨어요?

나 아니요.

직원 몇 분이세요?

나 두 명이요.

직원 저를 따라오세요.

금연석인가요?

네, 이 자리 괜찮으세요?

나 좋아요.

직원 담당 웨이트리스[웨이터]가 곧 올 거예요.

오늘 저녁 식사를 예약하고 싶어요.
I'd like to make a reservation for <u>dinner tonight</u>.

▶▶ 내게 필요한 단어

오늘 저녁 식사 dinner tonight
오늘 저녁 6시 30분에 tonight at 6:30
이번 주 토요일 12시에 점심 식사 lunch this Saturday at 12:00
다음 주 월요일 점심 식사 lunch next Monday

5월 15일 점심 식사 lunch on May 15
5월 15일 11시에 점심 식사 lunch on May 15 at 11:00

KEY PATTERN 식당 입구에서

킴이라는 이름으로 두 명 예약했어요.
We've reserved a table for two in the name of Kim.

예약하지 않았어요.
We don't have a reservation.

3명이 앉을 자리로 주세요.
I want a table for three.
= A table for three, please.

얼마나 기다려야 하죠?
How long will I have to wait?

대기자 명단에 올려주실래요?
Could you put me on the waiting list?

금연석이 좋습니다.

I want <u>a nonsmoking section/table</u>.

▶▶ 내게 필요한 단어

금연석 a non-smoking section/table
흡연석 a smoking section/table

창가 쪽 자리 a table by the window
테라스 자리 a table on the terrace

넓은 자리 a large table
전망이 좋은 자리 a table with a good view
조용한 자리 a table in a quiet area

주문하기

나 Are there any specials today?

웨이터 The special of the day is on the right side of the menu: roast beef and brown gravy with potatoes and vegetables.

나 Um... **I'd like the sirloin steak.** What comes with that?

웨이터 That comes with potatoes, vegetables and a special house salad or soup, which you can choose.

나 I'll have a salad.

나 오늘의 특선 요리가 있나요?
웨이터 오늘의 특별 요리는 메뉴판 오른쪽에 있습니다. 로스트비프와 감자와 채소를 곁들인 브라운 그레이비예요.
나 음, 등심 스테이크로 하겠습니다. 무엇이 함께 나오죠?
웨이터 감자와 채소, 그리고 특선 하우스샐러드 또는 수프가 따라 나오는데 샐러드와 수프 중 하나를 선택하실 수 있습니다.
나 샐러드로 주세요.

웨이터 Here is your drink. Are you ready to order?

나 Yes. I'd like the New York steak. And my side orders will be a baked potato and a salad.

웨이터 Alright! How would you like your steak??

나 **Medium, please.**

웨이터 여기 음료 나왔습니다. 주문하시겠어요?

나 네, 뉴욕 스테이크 주세요. 그리고 추가로 구운 감자와 샐러드 주문할게요.

웨이터 알겠습니다! 스테이크는 어떻게 구워드릴까요?

나 중간 정도로 익혀주세요.

웨이터 Would you like anything to drink?

나 **What kind of drinks do you have?**

웨이터 We have various kind of wine, champagne, water, soda, and juice.

나 **A bottle of red wine, please.**

웨이터 음료도 하시겠어요?

나 음료는 어떤 게 있나요?

웨이터 다양한 와인과 샴페인, 물, 탄산음료, 주스가 있어요.

나 레드와인 한 병 주세요.

나 **Excuse me, could you bring me some more salad dressing?**

웨이터 I'll be right back in a minute.

나 여기요, 샐러드 드레싱 좀 더 주실래요?

웨이터 금방 가져다 드리겠습니다.

KEY PATTERN 메뉴 관련 질문하기

커피 주세요.
I'd like to have a coffee.

오렌지 주스 주세요.
Can I have an orange juice?

오렌지 주스요.
Orange juice, please.

그냥 물 주세요.
Just water, please.

오늘의 특선 요리가 있나요?
Are there <u>any specials today</u>?

복수형 명사
▶▶ 내게 필요한 단어

오늘의 특선 요리 any specials today
이 지방 명물 음식 the best local foods
채식주의자용 음식 any vegetarian dishes

Is there <u>a menu for children</u>?

단수형 명사
▶▶ 내게 필요한 단어

아이들을 위한 특별 메뉴 a menu for children
와인 목록 a wine list
메뉴에 채식주의자가 선택할 수 있는 것 a vegetarian
alternative on the menu

▶▶ 내게 필요한 단어 더 모음

종류

이 집의 특선 요리 any house specialties

어린이 음식 any children's meals

가장 빨리 되는 요리 the fastest meals

저렴한 음식 any inexpensive meals

포장된 음식 any meal-in-a-box

재료

건강식 any healthy foods

치킨이 든 음식 anything with chicken in them =
chicken dishes

지방이 많이 든 음식 any fatty foods

오믈렛 같은 계란이 든 음식 any egg dishes like omelets

설탕 없는 과일 주스 any fruit juice without sugar

소갈비 스테이크 주세요.

I'd like the club steak.

= I'll have the club steak.

▶▶ 내게 필요한 단어

뉴욕 스테이크 the New York steak
감자 샐러드 the potato salad
연어 구이 the grilled salmon
감자 샐러드 the potato salad
현지 음식 some local food 투 트라이 썸 로컬 푸드

▶▶ 내게 필요한 단어 더 모음

음식 이름
소갈비 스테이크 the club steak
셰퍼드 파이 the shepherd's pie

생선
대구 the cod
농어 the sea bass
해덕 the haddock(대구와 비슷하나 그보다 작은 바다 고기)
볼락 the rock (rock fish)

64

가자미 the plaice
오징어 the calamari
통새우튀김 the whole tail scampi
새우 the prawn
참치 구이 the grilled tuna
연어 필레 the salmon fillet

디저트
초콜릿 케이크 a chocolate cake
와인 한 잔 a glass of wine

기타
이 음식점에서 최고 음식 the best in the restaurant
저 사람들이 먹는 것 what they're having

스테이크를 바짝 구워 주세요.
I'd like my steak <u>well-done</u>.
= <u>Well-done</u>, please.

스테이크를 중간 정도로 익혀주세요.
I'd like my steak medium.
= Medium, please.

스테이크를 살짝만 익혀주세요.
I'd like my steak rare.
= Rare, please.

스테이크를 중간보다 살짝 덜 익혀주세요.
I'd like my steak medium-rare.
= Medium-rare, please.

음료는 어떤 게 있나요?
What kind of <u>drinks</u> do you have?

▶▶ 내게 필요한 단어
수프 soups
샌드위치 sandwiches
피자 pizzas
파스타 pastas

샐러드 salads
소스 sauces
드레싱 dressings

생선 요리 fish
육류 요리 meat

궁금해서 물어보는 영어 질문 **궁금하면 물어봐!**

이건 무슨 요리예요?
What kind of food is it?

주재료가 뭐예요?

What is the main ingredient?

어떤 재료가 들어가요?
What are some of the ingredients?

양이 많을 것 같은데 어떤가요?
That sounds like a lot of food. What do you think?

기름에 튀기나요, 석쇠에 굽나요, 찌나요?
Fried, grilled, or steamed?

(그래도 모르겠다면, 가장 맛있게 먹고 있는 사람을 가리켜)
저기 저 숙녀분이 먹고 있는 것이 무슨 요리지요?
What is that lady is having over there?

이 요리는 어떻게 먹는 거죠?
How do I eat this dish?

이 요리와 가장 잘 어울리는 와인은 어떤 거예요?
Which wine goes best with the dish?

샐러드 드레싱 좀 더 주세요.

Could you bring me some more salad dressing?

▶▶ 내게 필요한 단어

드레싱 종류
프렌치 드레싱 French dressing
이탈리안 드레싱 Italian dressing
오리엔탈 드레싱 oriental dressing
사우전 아일랜드 드레싱 thousand island dressing
허니 머스터드 honey mustard
올리브 오일과 식초 드레싱 oil and vinegar
시저 드레싱 saesar dressing
올리브 오일 비네그레트 드레싱 olive oil vinaigrette
저지방 샐러드 드레싱 low-fat salad dressing
무지방 샐러드 드레싱 fat-free salad dressing

물 좀 주세요.

Could you bring me <u>some water</u>?

▶▶ 내게 필요한 단어

토마토 주스 some tomato juice
청량음료 a soft drink
이온음료 sports drink
사이다 a Sprite
위스키 한 병 a bottle of whiskey
생맥주 draft beer
병맥주 bottled beer
캔맥주 canned beer

나이프 하나 더 주시겠어요?
Can I get <u>another knife</u>?

▶▶ 내게 필요한 단어

식기 또는 위생용품
포크 하나 더 another fork
냅킨 a napkin
물티슈 a wet tissue 어 왯 티슈
물수건 a damp towel 어 댐프 타월
추가 수건 extra towels 엑스트라 타월즈

양념
설탕 some sugar 썸 슈거
후추 some pepper 썸 페퍼

요청 사항
얼음 some ice 썸 아이스
새 것 new one 뉴 원
전통 음식 some traditional food 썸 트레디셔널 푸드
남은음식 싸가기 my leftovers to go 마이 레프트오벌스 투 고우

감자튀김, 그리고 혼합 샐러드를 곁들인 스테이크로 할게요.
I will have the steak with fries and the mixed vegetables.

감자튀김이 나오는 닭튀김하고 곁들임 샐러드 주세요.
I will have the fried chicken with fries and a side salad, please.

이탈리안 해산물에 쌀밥, 구운 감자, 샐러드 주세요.
I will have Italian seafood with rice, baked potatoes, and salad.

감자와 채소를 곁들인 로스트비프 주세요.
I will have the roast beef with potatoes and vegetables.

감자와 채소를 곁들인 브라운 그레이비 주세요.
I will have brown gravy with potatoes and vegetables.

익힌 사과를 곁들인 양고기 주세요.
I will have the lamb with poached apples.

모르는 음식 이름을 넣어 물어보세요.

아라카르트는 뭐예요?

What is <u>a la carte</u>?

▶▶ 아라카르트 a la carte
전채 요리, 애피타이저 appetizer
보스턴 크림 파이 Boston cream pie
감자칩 chips
브루 펍 brew pub
올 유 캔 잇 all you can eat
콜드컷 cold cuts
미트로프 meatloaf
렐리쉬 relish
루벤 샌드위치 Reuben sandwich

레드와인 한 병 주세요.

I'll have <u>a bottle of red wine</u>, please.

= <u>A bottle of red wine</u>, please.

▶▶ 내게 필요한 단어

생맥주 a draft
레드와인으로 한 잔 a glass of red wine
테킬라 한 잔 a shot of tequila
보드카 토닉 한 잔 a vodka tonic
같은 걸로 한 잔 same again

패스트푸드 주문하기

직원 Hi. May I take your order?
나 Yes. I'll have number 1.
직원 No mayo, please.
직원 안녕하세요. 주문하실래요?
나 네. 1번 메뉴요.
직원 마요네즈 빼고요.

입맛대로 주문하기

나 Excuse me!
웨이터 Yes, madam. How can I help you?
나 **My foods are overcooked** and her potatoes are raw.
웨이터 I apologize for them. I'll replace them straight away.
나 실례합니다!
웨이터 네, 손님. 어떻게 도와드릴까요?
나 제 음식이 너무 푹 익었고요. 감자는 덜 익었어요.
웨이터 음식이 그렇게 되다니 죄송합니다. 바로 바꿔드릴게요.

커피 주문하기

나 **Can I have a small, iced caramel macchiato with an extra shot?** And my friend will have a tall, dry cappuccino with double shots, decaf, soy milk, extra hot, please.
나 아이스 캐러멜 마키아토 스몰 사이즈에 샷을 추가해주시겠어요? 그리고 제 친구는 디카페인 드라이 카푸치노 톨 사이즈에 샷을 두 개

추가해주시고 두유로 해주세요. 그리고 뜨겁게요.

계산하기

나 **Can I get a receipt?**

웨이터 Here you go.

나 Here is my credit card.

웨이터 Can you put in your PIN number, and then press enter?

(A little later)

웨이터 Here's your card and your receipt. Please come back again.

나 Thank you!

나 영수증 좀 주시겠어요?

웨이터 여기 있습니다.

나 신용카드 여기 있어요.

웨이터 여기 비밀번호를 입력하시고 엔터 버튼을 눌러주시겠어요?

(잠시 후)

웨이터 여기 카드와 영수증 있습니다. 다음에 또 오세요.

나 감사합니다!

햄버거 하나 주세요.
I'll have <u>a burger</u>.
= <u>A burger</u>, please.

▶▶ 내게 필요한 단어
버거 a burger 해브 어 벌거
치즈 버거 a cheeseburger
나초 nachos
카페라떼 caffe latte
홍차 black tea
아이스티 a iced tea

마요네즈 빼 주세요.

No <u>mayo</u>, please.

= Without <u>mayo</u>, please.

▶▶ 내게 필요한 단어
마늘 garlic
양파 onion
계란 egg
설탕 sugar

이렇게 말할 수도 있어요.
I would like 1) this with no 2) mayo.
이걸로 주시되 마요네즈는 빼 주세요.
▶▶ 1) 메뉴 이름 2) 빼고 싶은 내용물

전 계란이 든 음식은 못 먹어요.

I can't eat <u>things with eggs in them</u>.
= I should avoid <u>egg dishes</u>.

계란이 든 음식은 피해야 해요.

▶▶ 내게 필요한 단어

초콜릿 chocolate

사탕 sweets

탄산음료 Fizzy drinks

염분이 많이 든 음식 high-sodium foods

설탕이 많이 든 음식 sugary foods

특정 비타민이 든 음식 foods with certain vitamins

지방이 많이 든 음식 fatty foods

오믈렛 같은 계란이 든 음식 egg dishes like omelets

설탕이 많이 든 과일 주스 fruit juice loaded with sugar

저녁에는 단 것을 sweets in the evening

당뇨 환자용 메뉴도 있어요?
Do you also serve <u>diabetic meals</u>?

▶▶ 내게 필요한 단어

다이어트식 dietary meals
아동식 children's meals
채식 vegetarian meals
완전 채식 vegan meals (동물성은 하나도 넣지 않은)
유대교 율법에 따라 만든 식단 Kosher meals[kouʃər)
mi : z]

음식이 너무 짜요.

My food is too <u>salty</u>.

덜 짜게 해 주시겠어요?

Could you make it less <u>salty</u>?

▶▶ 내게 필요한 단어

달다 sweet

독하다 strong

질기다 tough

너무 딱딱하다 so hard

캐러멜 마키아토 한 잔 주시겠어요?
Can I have <u>a caramel macchiato</u>?

▶▶ 내게 필요한 단어

커피 종류

카페 아메리카노 caffe americano(뜨거운 물에 에스프레소 한
샷을 섞은 커피)
에스프레소 한 잔 a coffee[caffe](아메리카노가 아니에요.)
라떼 두 잔 two latte
바닐라 라떼 한 잔 a vanilla latte
카페인 없는 라떼 한 잔 a decaf latte
카푸치노 한 잔 a cappuccino
모카 세 잔 three mocha
카페마키아또 한 잔 a caffe macchiato

스몰 사이즈 아이스 라떼 한 잔 주시겠어요?

Can I have a/one small, iced latte?

▶▶ 내게 필요한 단어

개수

작은 사이즈 라떼 한 잔 one small latte
작은 사이즈 라떼 두 잔 two small latte
작은 사이즈 라떼 세 잔 three small latte
작은 사이즈 라떼 다섯 잔 five small latte

스몰 사이즈 아이스 라떼 한 잔 주시겠어요?

Can I have one small, iced latte?

▶▶ 내게 필요한 단어

크기

작은 사이즈 라떼 한 잔 one small latte
미디엄 사이즈 라떼 한 잔 one medium latte
라지 사이즈 라떼 한 잔 one large latte
그란데 사이즈 라떼 한 잔 one grande latte

스몰 사이즈 아이스 라떼 한 잔
주시겠어요?

Can I have one small, <u>iced</u> latte?

▶▶ 내게 필요한 단어

기타

작은 사이즈 아이스 라떼 한 잔 one small iced latte

작은 사이즈 디카페 라떼 한 잔 one small decaf latte

작은 사이즈 탈지유 라떼 한 잔 one small skimmed milk latte

작은 사이즈 프림을 넣지 않은 라떼 한 잔 one small non-fat latte

라떼에 샷을 추가해 주시겠어요?

Can I have a latte with an extra shot?

라떼에 설탕을 넣어 주시겠어요?
Can I have a latte with sugar?

탈지 우유로 만든 라떼 주시겠어요?
Can I have a latte with skim milk?

휘핑크림 빼고 카페마키아또 한 잔 주시겠어요?
Can I have a caffe macchiato, no whipped cream?

라떼 한 잔 갖고 갈 거 주시겠어요?
Can I have a latte to go?

카페인 없는 라떼에 거품 조금만 얹어 주시겠어요?
Can I have a latte, easy on the foam?

계산서 주세요.

Could I get the bill[check]?

▶▶ 내게 필요한 단어

a doggy bag (미국) 남은 음식 포장 박스
a glass of water 물 한 잔
a refill of my soda 탄산음료 리필

이것 좀 싸주시겠어요?
Could you wrap this up, please?

테이블 좀 정리해주실래요?
Can you clear the table?

계산서를 따로 주세요.
Separate checks, please.

한꺼번에 계산해주세요.
All together, please.

음식 불만

스테이크를 레어로 주문했는데 웰던으로 나왔어요.
I ordered a rare steak and you've brought me a well-done steak.

이걸 다른 스테이크로 바꿔주실래요?
Can you send me another steak to be replaced, please?

당근은 너무 익었고 감자는 거의 날 것이에요.
The carrots are overcooked and the potatoes are almost raw.

서비스 불만

음, 제가 주문한 지 20분이 됐는데 디저트가 하나도 안 나왔어요.
Well, it's been 20 minutes since I gave my order, but we haven't received any desserts yet.

식사가 거의 끝났는데, 그거 취소해주시겠어요?

We're finished already. Could you just cancel them?
_____

그럼 매니저와 얘기하고 싶어요.
Well, I'd like to speak to the manager, please.
_____

웨이터가 음식을 바꿔주지 않아서요.
The waiter is refusing to send back my dish.
_____

웨이터의 서비스가 마음에 들지 않아요.
We're not happy with the service we have received from the waiter.
_____

오늘 음식에 실수를 몇 가지 했어요.
He's made several mistakes with our food tonight.
_____

계산 오류

계산서에 실수가 있는 것 같아요.
There seems to be a mistake with the bill.
_____

구운 오리가 계산서에 있는데 먹지도 않았고 주문하지도

않았어요.

It has a roast duck on it, but we didn't have it or order it.

제 아내가 먹은 초콜릿 아이스크림은 매니저가 비용 청구 안 되는 거라고 했거든요.

It has my wife's chocolate ice cream on the bill, and your manager said we wouldn't be charged for it.

잔돈을 덜 받은 것 같아요.

I think they've short changed me.

식사가 140파운드 나와서 제가 200파운드 냈어요. 그런데 30파운드만 거슬러 받았네요.

The meal cost £140. I gave them £200, but I've only got £30 back in change.

04

보고, 듣고, 놀기

안내소에서 질문하기

직원 Good morning. Can I help you?
나 Yes, **do you have a map of the city center?**
직원 Yes, here you are.
나 We'd like to go to the history museum this morning. Is it far from here?
직원 No, it's only about 10 minutes' walk.

직원 안녕하세요. 무엇을 도와드릴까요?
나 네, 시내 중심부 지도 있어요?
직원 네, 여기 있습니다.
나 오늘 아침에 역사박물관에 가고 싶은데 여기서 먼가요?
직원 아니요, 걸어서 10분밖에 안 걸려요.

관광지 추천 받기

나 **Can you recommend anything for sightseeing?**
직원 Oh, the City Hall is open to tourists free of charge now, so if you're interested, you should go.
나 Thank you.

나 관광으로 좀 추천해주실래요?
직원 아, 지금 시청이 관광객에게 무료 개방하고 있는데 관심 있으시면 가보세요.
나 고맙습니다.

나 **What are the most popular tourist attractions?**

직원 I recommend the old palace on Museum Street. The bus journey is only about fifteen minutes.

나 Thanks your help.

나 가장 인기 있는 관광지가 어디예요?
직원 박물관 거리에 있는 고궁을 추천합니다. 버스 타고 15분 정도밖에 안 걸려요.
나 고맙습니다.

나 **Are there any tickets left to "2nd Street" for Saturday night?**

직원 OK. For what time?

나 8:30, please.

직원 Sorry, that show is sold out, but we have four seats available at 3:30 and 5:00.

Then, may I have two tickets at 5:00?

나 토요일 밤으로 <42번 가> 공연 티켓 남았나요?
직원 네. 몇 시로 하시겠어요?
나 8시 반이요.
직원 죄송합니다. 그 시간은 매진이에요. 그렇지만 3시 반이랑 5시에 네 좌석이 남았어요.
나 그럼 5시 표 두 장 주시겠어요?

나 Two adults and one child, please. How much in total?

직원 Thirty seven dollars.

나 어른 2장, 어린이 1장 주세요. 전부 얼마예요?
직원 37달러입니다.

나 How much are the tickets?

직원 The two seats for general admission are $220 plus tax.

나 What time does the performance start?

직원 The show begins right at seven.

나 What time does it end?

직원 The show runs about two hours, so it'll end at 9:0.

나 표 가격이 얼마죠?
직원 일반석 2장에 220달러이고 세금은 별도예요.
나 공연이 몇 시에 시작하죠?
직원 7시 정각에 시작합니다.
나 공연 몇 시에 끝나요?
직원 2시간 정도 하니까 9시에 끝나요.

무료 관광 책자 있어요?

Do you have <u>any free brochures</u> <u>about the sightseeing tours</u>?

▶▶ 내게 필요한 단어

도시 지도 a city map
이 지역 지도 a map of the area
지하철 지도 a subway map
버스 시간표 a bus schedule
한국어로 된 책자 a brochure in Korean

모네 전시관 어디 있어요?

Can you tell me where <u>the Monet</u>
<u>exhibit hall</u> is?

▶▶ 내게 필요한 단어

화장실 the restroom
사물함 a locker
기념품 판매소 a souvenir shop
카페나 쉴 수 있는 곳 a cafe or somewhere to rest

괜찮은 나이트클럽을 추천해 주실래요?
Can you recommend <u>a good night club</u>?

▶▶ 내게 필요한 단어

좋은 호텔 a good hotel
가성비 좋은 호텔 a nice and inexpensive hotel
유스호스텔 a youth hostel
유명한 식당 a famous restaurant
유명한 지역 식당 a famous local restaurant
시설이 좋은 캠핑 장소 a campsite with good facilities
기념품 가게 a souvenir store
가장 가까운 관광지 the nearest sight seeing place
이 근처에서 가장 가까운 호텔 the nearest hotel around here

오늘 밤에 갈 만한 좋은 곳 좀 추천해 주실래요?

Can you recommend <u>somewhere nice we could go this evening</u>?

근처에 볼만한 곳 좀 추천해 주실래요?
Can you recommend a good place to see nearby?

기분 전환도 할 겸 색다른 것 좀 추천해 주실래요?
Can you recommend anything different for a change?

밤에 할 만한 재미있는 것 좀 추천해 주실래요?
Can you recommend anything fun to do at night?

Can you recommend a good place for lunch nearby?
근처에 점심 먹을 만한 괜찮은 곳이 있으면 추천 좀 해 주실래요?

투어 중에 걸을 일이 많아요?
Does the tour include <u>a lot of walking</u>?

투어 중에 자유 시간이 있어요?

Does the tour include any free time?

투어에 과학박물관 방문이 포함되나요?

Does the tour include a visit to the Science Museum?

투어에 시내관광이 포함되나요?

Does the tour include a city tour?

아이들을 위한 특별 이벤트가 있나요?

Does the tour include any special events for children?

계속 죽 가야 하나요?
Do I have to <u>keep going straight?</u>

다음 교차로에서 우회전해야 하나요?
Do I have to turn right at the next intersection?

좌회전해야 하나요?
Do I have to turn left?

다음 출구에서 나가야 하나요?
Do I have to take the next exit?

여기서 세 블록 가야 하나요?
Do I have to go three blocks from here?

계속 죽 가야 해요.

You have to keep going straight.

계속 죽 가야 해요.

You have to keep going straight.

다음 교차로에서 우회전해야 해요.

You have to turn right at the next intersection.

다음 신호등에서 좌회전해야 해요.

You have to turn left at the next set of lights.

다음 출구에서 나가야 해요.

You have to take the next exit.

세 블록 가서 좌회전해야 해요.

You have to go three blocks and turn left.

1층 앞좌석 티켓이 남았어요?

Are there any tickets left <u>in the</u> <u>orchestra section</u>?

▶▶ 내게 필요한 단어

맨 앞줄 티켓 any tickets in the first front row
발코니석 티켓 any tickets left in the balcony
입석 티켓 any tickets left in the standing room
<42번 가> 공연 티켓 any tickets left to "42nd Street"
5시 공연 티켓 any tickets left for the 5 o'lock show
오늘 남아 있는 표 any tickets left for today

05

쇼핑하기

쇼핑몰에서 위치 찾기

나 **Where is the grocery store?**

직원 Take the escalator to the second floor and it will be on the right.

나 Where is the escalator?

직원 Walk across the lobby, and you'll find it.

나 식료품점이 어디예요?

직원 에스컬레이터를 타고 2층으로 올라가면 오른쪽에 있습니다.

나 에스컬레이터는 어디에 있나요?

직원 로비를 가로질러 가시면 있습니다.

쇼핑하기

직원 What can I do for you?

나 **Where is perfume?** I want one as a gift for my wife.

직원

나 I like this one. Can I get this perfume?

직원 무엇을 도와드릴까요?

나 향수 어디 있나요? 아내한테 줄 선물로 하나 사고 싶어요.

나 저 이게 맘에 들어요. 이 향수 한 병 주시겠어요?

먹거리 구입하기

직원 What can I do for you?

나 In what aisle is the meat? I'm looking for beef.

직원 I'll bring it back for you.

나 **Can I have 100 grams of it?**

직원 It's a little over. Is that alright?

나 A little bit less, please.

직원 무엇을 도와드릴까요?

나 육류 코너가 몇 번 통로에 있죠? 돼지고기를 찾고 있어요.

직원 제가 가져다 드리죠

나 그걸로 100그램 주시겠어요?

직원 조금 넘었네요. 괜찮으세요?

나 조금 덜어주세요.

식료품점이 어디예요?

Where is <u>the grocery store</u>?

▶▶ 내게 필요한 단어

상점 종류
골동품 가게 antique store
제과점 bakery
이발소 barbershop
서점 bookstore
백화점 department store
전자제품점 electronics store
꽃집 florist
식료품점, 슈퍼마켓 grocery store
미용실 beauty salon
운동용품점 sports store
문방구 stationery store
시계점 watch store
드럭스토어 drugstore(약품 외에 화장품 같은 다른 품목도 취급)

냉동식품 어디 있어요?
Where is the frozen food?

▶▶ 내게 필요한 단어
데워 먹는 음식 warm foods
조리식품 deli foods
치즈 샌드위치 a cheese sandwich
과일과 채소 fruits and vegetables
식빵 sliced bread

초코우유 the chocolate milk
요구르트 yogurts
브리치즈 Brie
아이스크림 ice cream

그걸로 100그램 주시겠어요?
Can I have <u>100 grams of</u> it?

▶ 1킬로 주시겠어요?
Can I have a kilo of it?

1리터 주시겠어요?
Can I have a liter of it?

0.5리터 주시겠어요?
Can I have half a liter of it?

3장 주시겠어요?
Can I have 3 slices of it?

2조각 주시겠어요?
Can I have 2 pieces of it?

*it 대신 물건 이름을 넣어 말해보세요.

와인 추천해주시겠어요?

A: Would you recommend <u>a wine</u>?

어떤 와인을 좋아하세요?

B: Do you have a wine preference?

좋아하시는 와인 있으세요?

A: I'd like <u>a well-aged wine</u>.

잘 숙성된 와인으로 주세요.

▶▶ 내게 필요한 표현
알코올 도수가 높은 와인 a very alcoholic wine
드물고 평가가 좋은 와인 a rare, highly prized wine
은은한 향과 맛을 지닌 와인 a wine with a delicate
fragrance and flavor

의류 쇼핑하기

점원 May I help you?

나 Yes, **I'm looking for a pair of trousers.**

점원 What color would you like?

나 Black.

점원 도와드릴까요?

나 네, 바지를 찾고 있어요.

점원 어떤 색이요?

나 검은색이요.

의류 쇼핑하기

나 What material are they made of?

점원 Wool.

나 **Do you have this one in cotton?**

점원 Yes, these.

나 소재가 뭔가요?

점원 울이에요.

나 면으로 된 것도 있어요?

점원 네, 여기요.

의류 쇼핑하기

나 **Can I try them on?**

점원 Of course. The fitting room's over there.

나 입어봐도 될까요?

점원 그럼요. 탈의실은 저기 있어요.

지갑 좀 보여 주세요.

Show me some <u>wallets</u>.

▶▶ 내게 필요한 단어

액서세리류
모자 hats
토트 백 tote bags
어깨 가방 shoulder bags
샌들 sandals
운동화 sneakers *다음 페이지의 신발 종류를 넣어 말해보세요.
손목시계 watches

전자제품류
USB 메모리스틱 USB memory sticks
충전지 rechargeable batteries
충전기 rechargers
여행용 플러그 travel adapters
64GB짜리 메모리카드 64GB memory cards

시간 낭비 않고 빨리 찾고 싶다면 직원에게

재킷을 찾고 있어요.

I'm looking for <u>a jacket.</u>

탈의실 앞에서 확인하는 직원에게

바지 세 벌, 티셔츠 두 벌이에요.

Three pants and two T-shirts.

맞는 사이즈가 없거나 모르겠다면 직원에게

이거 더 큰 사이즈 있어요?

Do you have this in a larger size?

이것을 입어 봐도 되나요?
Can I <u>try this on</u>.

이 제품에 대한 정보를 더 얻을 수 있나요?
Can I get more information about this product?

환불 받을 수 있나요?
Can I get a refund?

세금 환급 받을 수 있나요?
Can I get the tax refund?

이거 양모로 만들어졌나요?
Is this made of <u>wool</u>?

▶▶ 내게 필요한 단어

artificial leather 인조가죽
camel hair 낙타 털
cashmere 캐시미어
corduroy 코르덴, 골덴
cotton 면
fleece 양털
lambswool 새끼 양털
leather 가죽
linen 리넨(마직류)
Lycra 라이크라(상표명)
man-made fiber 인조 섬유

이 셔츠 빨간색으로 있나요?
Do you have this shirt in <u>red</u>?

▶▶ 내게 필요한 단어

검정색 black
흰색 white
분홍색 pink
빨간색 red
파란색 blue
회색 gray
다른 색깔 a different color

이런 표현도 있어요.
회색과 검은색 말고 다른 색 있어요?
Do you have any colors other than gray and black?

이거 더 큰 사이즈 있어요?
Do you have this in a larger size?

큰 사이즈로 이것 a large size
smaller 더 작은
shorter 더 짧은
longer 더 긴

이 바지 사이즈 3 있어요?
Do you have these pants in a size 3?

이 신발 11호 사이즈 있어요?
Do you have these shoes in a size 11?

진열되어 있는 것보다 좀 더 큰 게 있어요?
Do you have anything bigger than the ones on display?

이것과 같은 디자인으로 다른 색깔 있어요?
Do you have this in the same design but in a different color?

너무 조여요.
It's[They're] too <u>tight.</u>

▶▶ 내게 필요한 단어

loose 헐렁한
big 큰
small 작은
short 짧은
long 긴
high for me (신발 굽이) 나한테는 너무 높은
low (신발 굽이) 낮은
a little wide (신발 폭이) 조금 넓은

이 카메라 세일 중인가요?

Is this <u>camera on sale</u>?

이게 가장 싼 디지털 카메라예요?
Is this the cheapest digital camera?

이거 최신형 카메라인가요?
Is this the newest camera model?

그것이 가장 인기 있는 상표인가요?
Is this the most popular brand?

이 스테레오 품질 보증 되나요?
Is this stereo coming with a warranty?

결재하기

나 I think I'll take it.

점원 Great. How would you like to pay?

Can I pay by my credit card?

점원 Okay, with tax it comes to $24.93.

나 이걸로 사면 되겠네요.

점원 좋습니다. 어떻게 계산하시겠어요?

나 신용카드로 계산해도 돼요?

점원 알겠습니다. 세금까지 24달러 93센트예요.

환불/반품하기

나 I bought this camera here yesterday, but the picture
quality is awful. **I'd like to return this.**

점원 I' afraid it isn' our policy to give refunds.

나 어제 여기서 이 카메라를 샀는데요, 사진의 질이 완전 아니에요. 이거
반품/환불하고 싶어요.

점원 죄송하지만 저희는 정책상 환불해드리지 않아요.

교환하기

나 **Can I exchange these pants for a smaller size?**

점원 Do you have a receipt?

나 Yes, here it is.

점원 OK, I'll show you smaller size.

나 이 바지를 작은 사이즈로 바꿔주시겠어요?

점원 영수증 있으세요?

나 네, 여기요.

점원 좋아요. 작은 사이즈로 보여드리죠.

118

현금으로 계산해도 돼요?
Can I pay <u>in cash</u>?

신용 카드로 계산해도 돼요?
Can I pay by credit card?

할인권이랑 같이 계산해도 돼요?
Can I pay with a discount voucher?

상품권으로 계산해도 돼요?
Can I pay with my gift certificate?

하는

이거 반품/환불하고 싶어요.
I'd like to return <u>this</u>.

▶▶ 내게 필요한 단어

이 텔레비전 this television set
이 목폴라 this turtleneck sweater
이 셔츠 this shirt
이 장갑 these gloves
어제 산 구두 the shoes I bought yesterday
카펫 the carpet
티켓 the ticket
항공료 airfare
여행 경비 travel expenses
*제품 종류나 이름을 넣어 말해보세요.

06

병원/약국/경찰서 등 이용하기

증상 말하기

나 I'm here to see a doctor. I'm not feeling well.
간호사 Can you please tell me your symptoms?
나 **I have a fever** and my head hurts.

나 진찰을 받으러 왔어요. 몸이 안 좋아요.
간호사 증상을 말씀해 주시겠어요?
나 열이 나고 머리가 아파요.

증상 말하기

나 I have a fever and my head hurts.
의사 How long have you been sick?
나 **I've been sick for 3 days.**
의사 It looks like you have the flu.

나 열이 나고 머리가 아파요.
의사 얼마 동안 아팠어요?
나 3일 정도 됐어요.
의사 독감에 걸린 것 같아요.

두통이 있어요.

I have <u>a headache</u>.

▶▶ 내게 필요한 단어

감기 a cold 콜드
열 fever 피버
소화불량 an indigestion 인더져스쳔
복통 a stomachache 스토믹에익
치통 a toothache 투스에익
기침 a cough 커프
콧물a runny nose 러니 노우즈
멀미 a motion sickness 모션 씩니스
알레르기 an allergy 알러지
물집 blisters 블리스털
식중독 a food poisoning 푸드 포이즈닝
변비 a constipation
설사 a diarrhea 다이어리아
코 막힘 a stuffed nose

발목이 아파요.

I have a pain in my ankle.

= My ankle hurts.

▶▶ 내게 필요한 단어

머리 head 헤드　　이마 forehead 포헤드
턱 jaw 조우　　　　이 teeth
목 neck 넥
어깨 shoulder 쇼울더　　가슴 chest 체스트
등, 허리 back 백　　　　팔 arm 앎
팔꿈치 elbow 엘보우　　손 hand 핸드
팔목 wrist 뤼스트　　　손가락 finger 핑거
다리 leg 렉　　　　　　무릎 knee 니이
종아리 calf 캐프　　　　발꿈치 heel 힐
발 foot 풋　　　　　　발가락 toe 토우

3일 동안 아팠어요.
I've been sick for <u>3 days</u>.

▶▶ 내게 필요한 단어

5일 five days
일주일 a week
3주일 three weeks
한 달 a month
두 달 two months

사고 신고하기

나 I'd like to report a car accident.

경찰관 Is anybody hurt?

나 Yes, please send an ambulance right away.

나 자동차 사고 신고하려고요.

경찰관 다친 사람 있습니까?

나 네, 구급차 좀 바로 보내주세요.

도난 분실 신고하기

나 Hello, is this the police station?

경찰관 Yes, may I help you?

나 My handbag has been stolen on a bus this morning.

경찰관 What's in it?

나 여보세요, 경찰서죠?

경찰관 네, 무슨 일이시죠?

나 오늘 아침 버스에서 핸드백을 도난당했어요.

경찰관 그 안에 뭐가 들어 있나요?

자동차 사고를 신고하려고요.

I'd like to report <u>a car accident</u>.

▶▶ 내게 필요한 단어

자동차 사고 a car accident
도난 신고 a theft
강도 a mugging
성폭행 a rape
침입 a break-in
지갑 도난당한 것 a stolen wallet
화재 the fire

핸드백을 도난당했어요.

My <u>handbag</u> has been stolen.

= I lost <u>my camera</u>. 카메라를 분실했어요.

▶▶ 내게 필요한 단어

지갑 purse/wallet
현금 money
여권 passport
여행자 수표 traveler's checks
신용카드 credit cards

07

공항 & 기내에서

공항에서 이런 상황 생겨요

나 Excuse me, **where is the check-in desk for Asiana Airlines?**

공항직원 Go straight and turn left at the corner. It's across from the escalator.

나 Thanks a lot.

나 아시아나 항공 체크인 데스크가 어디에 있어요?
공항직원 쭉 가시다가 길모퉁이에서 왼쪽으로 꺾으시면 돼요. 에스컬레이터 맞은편이에요.
나 감사합니다.

공항직원 **Do you have any carry-ons?**

나 Yes, I have one carry-on bag.

공항직원 Please place your bag on the scale. I'm afraid your suitcase is over the weight limit.

나 **How much does it cost for the excess baggage?**

공항직원 You'll have to pay 30 dollars.

공항직원 휴대용 가방이 있나요?
나 네, 하나 있어요.
공항직원 가방을 저울에 올려주세요. 죄송하지만 가방 무게가 한도 초과예요.
나 수하물 초과 비용은 얼마예요?
공항직원 30달러입니다.

보안요원 Please lay your bags flat on the conveyor belt, and use the bins for small objects.

(BEEP BEEP BEEP BEEP)

보안요원 Please step back. **Do you have anything in your pockets – keys or smartphone?**

나 I don't think so. Let me try taking off my belt.

보안요원 **Put all the items in your pockets on a tray, please.** OK, then, please step through again.

보안요원 가방을 컨베이어 벨트 위에 평평하게 놔주시고 작은 물건들은 이 통에 넣어주세요.

(삐삐삐삐)

보안요원 뒤로 물러서 주세요. 주머니에 뭐가 있나요? 열쇠나 스마트폰 같은 거요.

나 그럴 리가요. 벨트를 벗어볼게요.

보안요원 주머니에 든 것들은 전부 꺼내서 트레이에 올려주세요. 좋습니다. 이제 다시 통과해 주세요.

체크인 데스크가 어디에 있어요?
Where is the check-in desk?

▶▶ 내게 필요한 단어

아시아나 항공 체크인 데스크 the check-in desk for Asiana Airlines

출발 라운지 the departures lounges

수화물 찾는 곳 the baggage claim

환전소 the money exchange

차량 대여소 the car rentals

수하물 비용은 얼마예요?

How much does it cost to check in a bag?

수하물 초과 비용은 얼마예요?
How much does it cost for the excess baggage?
= How much is the over-charge?
= What is the excess baggage fee?

수하물 무게는 얼마까지 가능한가요?
How much can the suitcase weigh?

주머니에 든 것들은 전부 꺼내서 트레이에 올려주세요.

Put all the items in your pockets on a tray, please.

▶▶ ▶▶ 내게 필요한 단어

지갑 a wallet
열쇠나 동전 keys or coins
휴대폰 a smartphone
동전이나 금속 some coins or metal
노트북 a notebook

대부분의 **액체**는 현재 기내 휴대 수하물의
금지 품목입니다.

Most <u>liquids</u> currently aren't permitted
in carry-on baggage.

▶▶ 내게 필요한 단어

액체류
겔 gels
로션 lotions
젤 타입 초 gel-type candles
젤 타입 식품 gel-like foods
3.4 온스 또는 100ml를 넘는 액체 liquids
over 3.4 ounces or 100ml

알아야 안 뺏긴다, 기내 반입 금지 품목

▶▶ Sharp Objects 날카로운 물건

box cutters 박스 칼
meat cleavers 고기 자르는 칼
knives 칼
sabers 날이 휜 검
razor 면도칼
swords 칼, 검
spear guns 수중총, 작살 발사총
scissors 가위
bows and arrows 활과 화살

지금 움직이시면 안 됩니다.

You are not allowed to move right now.

지금 전자기기를 사용하시면 안 됩니다.

You are not allowed to use electronics right now.

지금 휴대전화를 사용하시면 안 됩니다.

You are not allowed to use cellphone right now.

지금 술을 드시면 안 됩니다.

You are not allowed to drink alcohol right now.

지금 자리를 바꾸시면 안 됩니다.

You are not allowed to change seats right now.

안전벨트를 매 주세요.
Fasten your seat belt, please.

자리에 앉아 계세요.
Remain seated, please.

노트북을 꺼 주세요.
Turn off your laptop, please.

자리로 돌아가 주세요.
Return to your seats, please.

자리 좀 앞으로 당겨 주세요.
Pull your seat just a little forward, please.

파스타로 하겠습니다.
I'd like __the pasta__.

▶▶ 내게 필요한 단어

구운 닭고기 the baked chicken
소고기 the beef
오렌지 주스 some orange juice
콜라 a Coke

▶▶ 내게 필요한 단어 더 모음

채식주의자 식사 the vegetarian meal (항공권 예매 시에 미리
신청해야 할 수 있다.)
토마토 주스 some tomato juice
콜라 a Coke
견과류 some nuts
땅콩 some more peanuts
가든 샐러드 a garden salad

승무원 What would you like to eat?

나 **I'd like chicken.**

승무원 Would you like something to drink?

나 I'd like some orange juice. And could I get some more peanuts?

승무원 뭘로 드시겠어요?

나 닭고기로 주세요.

승무원 마실 것 드릴까요?

나 오렌지 주스 주세요. 그리고 땅콩 좀 더 주시겠어요?

한국어 신문이 있어요?
Do you have <u>any Korean newspapers</u>?

내게 필요한 단어

한국어 잡지 any Korean magazines
영자 신문 any English newspapers
담요 a blanket
베개 a pillow
수면 마스크 a sleeping mask
멀미약 any airsickness medicine
복통에 먹는 약 any medicine for a stomachache
볼펜 any ballpoint pen
메모지 a notepad
아이들을 위한 키트 a kit for children

이것을 사용하는 방법을 모르겠어요.

I don't know how to <u>use this</u>.

= 이것을 어떻게 사용하는지
알려주시겠어요?

Can you show me how to <u>use this?</u>

이것을 하는 방법을 모르겠어요.
I don't know how to do this.

이것을 켜는 방법을 모르겠어요.
I don't know how to turn this on.

이것을 끄는 방법을 모르겠어요.
I don't know how to turn this off.

이것을 여는/닫는 방법을 모르겠어요.
I don't know how to open/close this.

다양한 기내 서비스/시설을 이용해 보세요.

영화를 어떻게 보는지 모르겠어요.
I don't know how to watch movies.

이 게임을 어떻게 시작하는지 모르겠어요.
I don't know how to start this game.

배터리 충전을 어떻게 하는지 모르겠어요.
I don't know how to recharge the battery.

창문 밝기를 어떻게 조절하는지 모르겠어요.
I don't know how to adjust brightness of the window.

독서등을 어떻게 사용하는지 모르겠어요.
I don't know how to use reading light.

Can you show me 다음에 명사가 오는 경우:
Can you show me the list of duty free items?
면세품 목록을 보여주시겠어요?

이 가방 드는 것 좀 도와주시겠어요?

Can you help me <u>lift this up</u>?

= Can you help me <u>with this bag</u>?

가방 넣는 것 좀 도와주시겠어요?

Can you help me put my luggage?

신고서를 작성하는 것 좀 도와주시겠어요?

Can you help me fill this form out?

접이식 테이블 접는 것 좀 도와주시겠어요?

Can you help me put up the tray table?

LA로 가는 환승편을 지금 막 놓쳤어요.
I just missed my connecting flight to
<u>London</u>.

다음 런던 비행편은 언제죠?
When is the next flight to <u>London</u>?

여행하러 왔어요.
I'm here <u>to travel</u>.

여행하러 왔어요.I'm here to travel.

휴가차 왔어요. I'm here on vacation.

공부하러 왔어요. I'm here to study.

친구네 집을 방문하러 왔어요.
I'm here to visit my friend.

친척을 방문하러 왔어요.I'm here to visit my relatives.

입국 심사에서 얼마 동안 머물 거냐고 묻는 질문에 다음과 같이 답하세요. How long are you staying in America? 미국에 얼마나 머무실 거예요?

5일 동안이요.

For <u>five days</u>.

내게 필요한 단어

5일 five days
일주일 a week
약 일주일 about a week
이주일 two weeks
한 달 a month
약 한 달 about a month
6시간 six hours (경유지에서 잠시 관광 등을 하는 경우 몇 시간 머무를 수 있다.)

제 가방은
My bag is/has ~

My bag is red.
제 가방은 붉은색이에요.

My bag is a square leather bag.
제 가방은 네모난 가죽 가방이에요.

My bag is tied with a red cord.
제 가방은 빨간색 끈으로 묶여 있어요.

My bag is made of leather.
제 가방은 가죽으로 만들어졌어요.

My bag has a leather band on it.
제 가방에 가죽띠가 붙어 있어요.

My bag is tagged with my flight number.
제 가방에 비행기 번호가 적힌 꼬리표가 달려 있어요.

My bag is labeled "Handle With Care."
제 가방에는 '취급 주의'라는 딱지가 붙어 있어요.

나 Excuse me. One of my bags seems to be missing.

직원 Do you have your claim ticket?

나 I'm afraid I don't have the ticket.

직원 Then, could you tell me what your bag looks like?

나 **My bag is a square leather bag, and it is tied with a red cord.**

나 실례합니다. 제 가방 하나가 없어진 것 같아요.

직원 수하물표를 가지고 계신가요?

나 안타깝게도 없네요.

직원 그럼 가방이 어떻게 생겼는지 말씀해 주시겠어요?

나 제 가방은 네모난 가죽 가방이고 빨간색 끈으로 묶여 있어요.